DISCOURS

PRONONCÉ

Le 1er Février 1881

A LA

Réunion de l'Hôtel des Chambres Syndicales

PAR

M. JULES AMIGUES

ANCIEN DÉPUTÉ

L57b DU JOURNAL *LE PETIT CAPORAL*

Cité Bergère. — PARIS

DISCOURS

PRONONCÉ PAR

M. JULES AMIGUES

———

Messieurs,

C'est avec une émotion profonde que je vous remercie de la sympathie que vous voulez bien me témoigner. Elle est un hommage que je ne revendique point pour ma personne et qui montre seulement combien vous êtes préoccupés vous-mêmes de ces deux grands intérêts auxquels je m'honore de garder une fidélité inébranlable : la démocratie, qui est la loi même du progrès social ; l'autorité, qui est la garantie de l'ordre.

Appelé au milieu de vous par les organisateurs de votre réunion, — qui n'est qu'une préparation à d'autres réunions prochaines et plus larges, — je me suis rendu avec empressement à leur désir, qui me rappelait une promesse — et j'espère, en y obéissant, rencontrer chez vous tous les sentiments de

modération et de respect réciproque qui con-
viennent entre gens liés par de communs sou-
venirs et qui, par des chemins divers, mar-
chent vers un but qui répond à de communes
espérances.

Avant toute chose, Messieurs, puisque les
circonstances ne mettent point entre nos mains
la possibilité d'une action immédiate, d'une
influence directe sur les destinées de notre
pays, puisque nous sommes contraints de nous
recueillir au milieu de notre marche, ayons
soin de marquer avec précision, avec rigueur,
avec scrupule, les principes que l'histoire nous
trace et dont nous nous inspirons : — car les
principes, Messieurs, pour les hommes de
bonne foi et de bonne volonté, les principes
sont la loi même des actes.

Nous sommes impérialistes, Messieurs, et
non point républicains. Nous sommes impérialiste, et il convient de l'affirmer d'autant
plus haut à l'heure où se produisent des défec-
tions ou des découragements dont notre âme
peut être attristée ou indignée, mais dont notre
loi ne sera pas atteinte. Nous sommes impérialistes, parce que l'Empire est à nos yeux
une nécessité de l'ordre social et de la démocratie; nous sommes impérialistes, parce que
l'Empire est, dans notre pensée inébranlable,
l'expression la plus haute et la seule expression véridique de la souveraineté nationale, en
même temps que le gouvernement le plus pro-
pre à servir les intérêts du peuple ; parce que
l'Empire, étant émané de la volonté du peuple,

est à nos yeux une loi vivante, tant que le peuple ne l'a pas abrogée. (Très bien. Très bien.)

Et c'est pourquoi, Messieurs, étant résolument impérialistes, et ayant l'orgueil qui convient aux convictions sincères et fortes, nous ne laisserons point la tradition de l'Empire s'adultérer en de lamentables compromissions avec la république (Applaudissements unanimes et répétés).

Il n'y a pour nous d'autre conciliation possible avec la république que le jugement du peuple, et, le jour où viendra ce jugement, nous avons la ferme confiance qu'il vengera et restaurera l'Empire.

En attendant, Messieurs, si l'Empire n'a point, aujourd'hui, d'incarnation directe et immédiate, c'est un embarras dont nous n'avons pas à nous plaindre : car notre cause, étant impersonnelle, se trouve ainsi être plus haute et l'on ne peut nous accuser, lorsque nous revendiquons la fortune de l'Empire, de servir les projets d'un homme ou les visées de nos propres ambitions. Nulle occasion ne saurait donc être plus favorable et moins suspecte pour analyser, en dehors de tous intérêts contingents, le droit et la légitimité de l'Empire. — Ces retours vers le passé sont de féconds et utiles enseignements pour l'avenir.

Messieurs, si nous jetons un regard derrière nous jusqu'à la distance d'un siècle, nous reconnaissons que ce siècle qui vient de s'écouler est rempli, dans notre histoire, par le conflit entre trois principes de gouvernement et par le triomphe alternatif de ces trois principes : la Royauté, la République, l'Empire.

La Royauté — et je n'en envisage ici qu'une seule, messieurs ; je laisse à part une formation politique qui a eu ses journées heureuses, mais qui n'a été qu'un accident de l'histoire et qui ne saurait s'implanter sur notre sol, car elle n'a d'attaches ni dans la tradition monarchique ni dans l'égalité démocratique — la Royauté, telle qu'elle apparaît dans l'ensemble de ce passé que la révolution vint détruire, représentait, dans son sens le plus absolu, le principe d'autorité. Elle invoquait le droit fixe et immuable de la tradition ; elle était censée procéder d'une volonté supérieure, préexistante aux générations actuelles et qui s'imposait aux générations futures, volonté non exprimée par le peuple, mais préjugée originairement par Dieu.

En même temps, la Royauté se trouvait associée, de par le développement naturel de son histoire, à des priviléges féodaux, aristocratiques ou autres.

— La Royauté, dont je n'ai garde de faire ici le procès, et dont je veux simplement déterminer les caractères, avec tout le respect dû à une institution dont l'histoire résume tout notre passé national, se trouvait ainsi représenter tout autre chose que le principe de la souveraineté nationale, tout autre chose que le principe de l'égalité civile.

— La révolution de 89, cette révolution que

nous appelons avec raison la grande Révolution — ou simplement la Révolution, — parce
que nulle, en effet, n'accomplit jamais plus
terrible effort et n'exerça plus d'influence sur
les destinées du monde — la Révolutio , dis-je,
vint détrui e ce régime de la royauté, qui avait
fait, construit et unifié la France. Elle proclama,
au profit de chacun, le principe de l'égalité civile; au profit de tous, le principe de la souveraineté nationale; elle entreprit de fondre,
dans l'exercice des mêmes droits et des mêmes
devoirs, les diverses races conquérantes ou con-
quises de nos premiers âges; elle déplaça la
base de l'autorité; elle en chercha l'origine et
la sanction, non plus dans la tradition historique, mais dans la volonté populaire.

La forme de gouvernement que se donna la
révolution, ce fut la République, dont je ne
me propose pas non plus de vous retracer ici
les efforts généreux ou les égarements sangui-
naires. Je veux marquer simplement que, par
l'emportement naturel aux passions humaines,
la République dépassa les principes et le but
de la révolution. Elle nia les droits de la tradition historique; préoccupée de tout détruire et
prétendant tout refaire, elle refusa au passé
toute ingérence dans le présent; en haine de
la monarchie, elle ne souffrit point qu'on lui
parlât d'un pouvoir permanent, perpétuel et
supérieur à tous; contre le vieux principe
d'autorité, elle affirma le libre arbitre et la
libre action de chacun; contre la royauté, qui
invoquait le droit de Dieu, elle invoqua les

droits de l'homme; elle mit à néant les idées générales au bénéfice de l'individu et dans sa furie à démolir les vieux donjons, elle mit la société en poussière.

Ainsi, Messieurs, la Royauté et la République sont, en politique, deux manifestations contraires de l'absolu : l'une veut que le pouvoir souverain vienne de Dieu et réside dans le roi; l'autre veut que le pouvoir souverain procède du peuple et en vient à prétendre que ce pouvoir réside tout entier dans chaque individu, dans chaque parcelle du peuple.

C'est ainsi que, même avec les meilleures intentions, la royauté conclut logiquement au despotisme; la république, à l'anarchie.

Cependant, Messieurs, entre ces deux conceptions contradictoires, entre ces deux forces en lutte sanglante, il fallait, sous peine de mort pour la France, que l'histoire trouvât une transaction.

Cette transaction, Messieurs, ce fut et ce sera l'Empire. Au moment où la république épuisée ouvrait la France à la restauration de l'ancien régime, Bonaparte apparut et fonda l'Empire : — l'Empire qui, tout en mettant un terme aux excès, aux périls et à l'instabilité de la république, ne répudia point l'héritage de la révolution, c'est-à-dire le principe d'égalité et le droit souverain du peuple; l'Empire qui, renouant ces idées nouvelles à la tradition antérieure, emprunta à la monarchie le principe d'autorité sans s'en approprier le droit divin ; l'Empire qui, selon la parole de l'Empereur Napoléon III, fut « le trait-d'union entre deux siècles ennemis », et a reçu de Dieu la mission de réconcilier l'une avec l'autre la France des temps anciens et la France des temps modernes ; l'Empire qui, pour remplir sa double tâche, ne doit point refuser une juste et large part aux intérêts qui se réclament de la liberté, du droit personnel, de l'égalité civile, mais a pour devoir en même temps de poser et de maintenir, au sommet de la voûte, la clef souveraine de l'autorité, de reconstituer, par la fusion des intérêts et des idées en lutte, l'unité morale si profondément ébranlée dans notre malheureux pays, et de remettre ainsi à son rang cette grande figuré historique, naguère si fière et si haute, aujourd'hui effacée et amoindrie, qui s'appelle la France.

Pour reprendre la suite de cette œuvre osuveraine, messieurs, la désignation de la Providence et la parole prophétique de notre martyr bien aimé, nous ont promis un prince issu du sang des rois, un prince instruit par de solennelles épreuves et animé des vastes espoirs qui s'ouvrent devant la jeunesse.

Mais en attendant cet avènement, messieurs, les trois partis dont je parlais tout à l'heure, ces trois partis entre lesquels se partage l'histoire de notre siècle, poursuivent opiniâtrement leur lutte : lutte intermittente dans ses hasards, lutte où il semble que nous ayons été vaincus hier, où la républiq e croit triompher aujourd'hui, où la royauté s'imagine vaincre demain.

Et ici, messieurs, nous sortons des considérations historiques afférentes au passé pour nous transporter sur le terrain des possibilités présentes ou des nécessités futures.

Donc, ces partis, — toujours armés au fond des consciences, quoi qu'on en dise, — ces partis, qui peut, qui pourra les mettre d'accord?

La force? mais la force, c'est ici la guerre civile, qui fait des vaincus, non point des convaincus, et laisse subsister ce ferment des révoltes qui fait le prétexte ou la légitimité des despotismes.

La persuasion? Elle a sans doute sa valeur entre gens éclairés et honnètes, mais elle est impuissante à dominer et réduire la passion des partis politiques.

Il faut donc un arbitrage, et, entre des partis qui se disputent le consentement d'un peuple, quel autre arbitrage peut-il y avoir si ce n'est celui même du peuple?

Quoi de plus franc, quoi de plus clair, quoi de plus fort, et, en même temps, quoi de plus généreux que cette doctrine, qui fait reposer un g uvernement sur l'assentim nt de tous, ou, du moins, sur l'approximation la plus rigoureuse qui se puisse obtenir de cet assentiment de tous?

Quoi de plus charitable, quoi de plus chré-

tien que d'appeler à prendre rang, dans ce
grandes assises du suffrage universel, les humbles et les déshérités à côté des heureux et
des puissants du monde et de subordonner
ainsi à la volonté de tous celui qui règnera sur
tous ? Quoi de plus en accord avec la théorie
évangél que sur le gouvernement du peuple de
Dieu : « Que celui qui est le plus grand parmi
vous soit comme le plus petit ». (Applaudissements).

Quoi de plus concluant et de plus décisif
que l'autorité ainsi conférée ? Et quel pouvoir
serait plus apte à satisfaire les besoins légitimes comme à réprimer les mauvaises passions ?

Ah ! je sais, Messieurs, que l'Appel au
peuple n'est pas à la mode en ce moment; que,
s'il en faut croire le jargon impudent des
journaux opportunistes , « le plébiscite est
impopulaire » ; que les républicains pensent
n'avoir pas à compter avec nous et que cette
perspective d'en venir à l'arbitrage du peuple
leur apparaît comme une chimère de notre
imagination. Maîtres du pouvoir, ils s'en partagent joyeusement les grasses prébendes ; ils
s'étalent sur la soie et le velours de la république dorée ; ils palpent à la Bourse les gros
bénéfices de la spéculation qu'ils soutiennent
ou encouragent — et oublient, dans leur égoïsme
de satisfaits, les promesses que jadis ils avaient
faites au peuple. Je n'ignore pas non plus
qu'ils disent tout haut, par la bouche de leurs
orateurs ou la plume de leurs ministres, que

la République est fondée, qu'elle est inébranlable, que le monde la respecte, que les puis-
sances la redoutent. (Rires ironiques).

Ces illusions menteuses ou mensongères auront leur fin, pour nous prévue et certaine. La
vérité est que la république ne vit aujourd'hui
que de la mort du Prince Impérial (longs applaudissements); la vérité est que l'impuis-
sance passagère où cette mort nous a réduits,
procure du répit à la république.

Mais l'égoïsme des viveurs républicains
finira par exaspérer les affamés aux dépens des-
quels ils ont fait leur fortune ; l'instabilité,
qui est la nature même de la république, ne lui
permettra point de rassurer indéfiniment les
situations acquises ; la brutalité avec laquelle
elle traite les sentiments religieux et les droits
de la conscience soulèvera contre elle les mécontentements de tous ceux qui ont quelque
souci des libertés de la pensée. Tout cela ne
tardera point à surgir en orages sur l'horizon
des heureux du jour, et quand grondera dans
l'air le souffle des grandes colères et des longues
souffrances, alors nos maîtres d'un moment re-
connaîtront combien leurs institutions sont
fragiles, combien est vaine et passagère l'as-
surance que leur donne la possession du pouvoir — et ce jour-là, quand tout manquera sous
leurs pieds, quand le flot populaire battra leurs
forteresses capitonnées, quand la France me-
nacera de crouler sous la tempête des discor-
des déchaînées entre elles et des révoltes sou-
levées contre eux, ce jour-là l'Appel au peuple,

qui semble aujourd'hui si lointain, apparaîtra de nouveau comme l'espérance suprême de paix et de salut.

Et, Messieurs, il importe que nous en nous souvenions, — car il y a dans ce passé une promesse et une garantie pour l'avenir — l'Appel au peuple, que nous sommes seuls à réclamer aujourd'hui, l'Appel au peuple, qui est le programme du parti impérialiste, et qui est en même temps le programme de la justice et de la raison, fut aussi, en d'autres temps, le programme des partis qui aujourd'hui le méconnaissent ou le renient.

L'Appel au peuple était, dans la théorie des républicains du dernier siècle, un principe de droit absolu.

Vergniaud, le Girondin, voulait que l'on soumit à la sanction du peuple « tous les actes publics d'une haute importance ». Camille Desmoulins, dans son *Opinion sur le jugement de Louis XVI*, qui fut solennellement approuvée par la Convention et imprimée par son ordre à l'Imprimerie nationale, Camille Desmoulins écrivait :

« Et lorsque nous avons décrété qu'il n'y aurait point de loi constitutionnelle sans la sanction du peuple, il ne faut pas s'imaginer que ce soit une loi nouvelle que nous avons publiée. Nous n'avons fait que proclamer solennellement une loi immuable, universelle et aussi ancienne que le genre humain. »

Et plus loin il insiste, au sujet de la constitution de 1791 :

« Le contrat est nul parce qu'il n'était pas ratifié par la partie contractante », qui est le peuple.

Camille Desmoulins ne s'en tient pas là. Il professe, aux applaudissements de la Convention, la doctrine impériale, et il la professe en l'exagérant :

« C'est un crime d'être roi, » dit-il. C'était même un crime d'être roi constitutionnel ; car la nation n'avait point accepté la Constitution. (C'est-à-dire que nos républicains d'aujourd'hui sont « criminels », de par Camille Desmoulins). Il n'y a qu'une seule supposition dans laquelle il puisse être légitime de régner : c'est lorsqu'un peuple se dépouille formellement de ses droits, pour en faire la cession à un seul homme, non pas seulement comme le firent les Etats-généraux de Danemarck en 1660, mais lorsque le peuple tout entier a passé ou du moins ratifié lui-même cette procuration de sa souveraineté. »

Qu'est-ce que cela, si ce n'est l'Empire ?

Revenant à Louis XVI, Camille Desmoulins demande :

« Qui jugera Louis XVI ? Ce serait le peuple entier, s'il le pouvait, comme le peuple romain jugeait Manlius et Horace?... »

Il est vrai que dans la furie de la haine politique, Camille Desmoulins viole, avec un effroyable aveuglement, ses propres principes à l'heure même où il les pose et qu'il conclut, dans ce même document, sans donner ni raisons ni preuves :

« Il est évident que le peuple nous a envoyés ici pour juger le roi. »

Ce qui est évident, c'est que, du même coup, Camille Desmoulins et la Convention proclament le droit du peuple et le violent ; mais enfin, ce droit les domine de si haut que, à l'heure même où ils le violent, ils se sentent contraints de l'attester.

Or, ce principe de l'Appel au peuple, que la Convention républicaine affirme et méconnaît, qui va le réclamer, Messieurs ? Ce sera le roi Louis XVI ! Les défenseurs du roi soutinrent devant la Convention que le peuple seul avait le droit de condamner le roi, et le roi lui-même, quand l'arrêt de mort lui eut, été communiqué, le 18 janvier, écr vit à l'Assemblée :

« Je déclare que j'interjette appel à la nation elle-même du jugement de ses représentants. »

Louis XVI mourut ; mais en mourant — et c'est là un fait trop oublié de notre histoire — en mourant il en appelait au p uple, qui eût sauvé le roi et peut-être la royauté.

Ainsi, messieurs, l'Appel au peuple, qui est la base de la doctrine impériale, fut en même temps la première affirmation de la république et le suprème legs de la m narchie expirante. (Longs applaud ssements).

Plus tard la Monarchie et la République ont eu, à de certaines heures, la velléité de retourner à cette source de tout droit et de toute puissance. Chacun se souvient qu'à une certaine époque, sous Louis-Philippe, l'organe attitré du parti légitimiste, la *Gazette de France*, s'appelait en même temps : *Journal de l'Appel au peuple*. Personne n'a oublié, si ce n'est M. Gambetta lui-même — un discours que M. Gambetta prononça au Corps législatif le 5 avril 1870, et où il est dit que « le plébiscite est, dans nos sociétés démocratiques modernes, la sanc ion nécessaire des pouvoirs publics » et que, « là où le plébisci e n'a point passé, la légitimité n'en sortira pas. » Et quand le gouvernement de la Défense nationale, qui venait d'assassiner le plébiscite, se vit menacé par la révolution dans Paris assiégé, il ne put, par un étrange et juste châtiment, trouver le salut que dans un plébiscite.

Donc, Messieurs, 'Appel au peuple, s'il est réclamé avec plus de fidélité et de constance par nous, impérialistes, n'en est pas moins une doctrine commune aux légitimistes, aux impérialistes et aux républicains.

C'est sur ce terrain qu'ils se rencontreront quelque jour, lorsque des efforts stériles et des convulsions prochaines auront montré aux uns l'impossibilité de s'emparer du pouvoir, aux autres l'impossibilité de s'y maintenir.

Et il importe de nous arrêter sur ce point,

Messieurs : cette nécessité de mettre d'accord les partis au moyen d'un arbitrage qu'ils puissent tous reconnaître et que tous ont successivement reconnu, cette coexistence de trois partis qui se disputent depuis un siècle le gouvernement de la France et dont chacun, à son tour, a exercé ce gouvernement, tout cet ensemble de faits indique et prescrit, de par la nature même des choses, la formule du plébiscite final qui doit clore ce long et douloureux conflit.

Cette formule, messieurs, doit avoir pour objet l'option du peuple entre les trois modes de gouvernement :

Royauté ;

République ;

Empire.

Le peuple sait fort bien ce que représente chacun de ces gouvernements ; s'il n'en sait point l'histoire en détail, il en connaît les principes et les tendances, que nous avons résumés tout à l'heure, et quand il choisira, il saura fort bien ce qu'il fait et ce qu'il veut faire.

Toute autre manière de poser la question jetterait dans les esprits du trouble et du désordre, nuirait à la netteté de la solution et laisserait subsister dans les partis vaincus ces mécontentements et ces prétentions qui entretiennent l'agitation et tôt ou tard, aboutissent à la révolte. Il faut, messieurs, réduire à néant ces illusions ou du moins il ne faut plus leur laisser de prétexte ; il faut que les partis écartés par le peuple soient, une fois pour toutes, éliminés ou que du moins leurs visées soient réduites au rôle de théories individuelles. Il ne faut plus que les partis puissent se jeter les uns aux autres ce reproche que les républicains ont pendant vingt ans adre sé à l'Empire et qui certainement n'a pas été sans contribuer à sa chûte : de n'avoir point fait de plébiscite loyal et d'avoir imposé au peuple « la carte forcée ». Il faut que ce soit fini de ces équivoques et de la guerre civile qui en est la conséquence. Hors de là, il n'y a rien de durable, il n'y a point de gouvernement fort, il n'y a point de paix sociale ; il n'y a point de salut.

Et c'est pourquoi, Messieurs, cette formule du plébiscite, reconnue nécessaire par l'Empereur en exil, proposée, recommandée, voulue par le Prince Impérial, développée et défendue par l'illustre M. Rouher au nom de tous les deux devant l'Assemblée nationale, doit être le programme fidèle, constant, inaltérable, invariable, du parti impérialiste.

Mais, messieurs, — et j'arrive en ceci à ma conclusion, — vous me demanderez sans doute quelles sont les voies et quels sont les moyens que je vous propose : car il ne suffit point, en politique, de poser un principe ou une

maxime ; encore faut-il en préparer et réali-
ser l'avènement dans les faits.

Je pourrais vous répondre, Messieurs, qu'il
y a, dans la vie des partis politiques, comme
dans celle des individus, des heures et des circonstances où il faut savoir se recuetllir et
attendre ; je pourrais vous dire que la mort
du Prince Impérial et les douloureux malen-
tendus qui l'ont suivie ont créé précisément
une de ces situations où l'énergie des hommes
ne peut rien contre la résistance actuelle des
faits ; je pourrais vous rappeler — et nul
d'entre vous ne me démentirait — que les destinées du nouvel Empire étaient mûres au
moment où le Prince Impérial noùs fut enlevé
et tirer de ce souvenir le témoignage et la promesse que le même état des esprits et des
choses ne tardera point à se représenter pour
la fortune de la cause impérialiste et d'un nouveau Prince Impérial ; je pourrais, en ré-
veillant nos morts des temps heroïques,
vous montrer comment l'Empire, après 1815,
parut être évanoui, dispersé, mort, enterré
avec les brigands de la Loire et comment, après trente ans, sur l'appel de
Louis-Napoléon Bonaparte, il se leva, secouant
le linceul où il n'était qu'endormi (longs applaudissements).

Je pourrais, encore, Messieurs, en parcou-
rant les trop longues annales de nos révolu-
tions, vous montrer que les triomphes des
républicains ne sont pas de ceux qui durent
qu'un an après les ivresses fraternelles de la

fête de la Fédération en 1790, La Fayette fusillait, pour le compte des modérés, les pétitionnaires jacobins de 1791 ; qu'un an à peine après l'avènement de la république en 1792, les partis républicains se déchiraient et se guillotinaient entre eux ; que la république de 1848 n'avait pas trois mois de date lorsqu'éclata la terrible insurrection de juin ; que la république de 1870 était encore en herbe à l'heure où se leva la Commune ; que la république de 1875, si péniblement et si laborieusement mise au monde, était déjà agonisante lorsque la mort du Prince Impérial vint lui rendre le souffle ; je pourrais vous rappeler tout cela, messieurs, et en conclure que nous n'avons qu'à nous croiser les bras pendant que la république travaillera pour nous.

Je ne vous tiendrai pas ce langage, messieurs, et dans toute circonstance où il y aura quelque chose à faire, vous me trouverez prêt à vous y aider, prêt à servir de tout mon concours et la cause elle-même et les hommes éminents qui en sont la gloire et l'espérance. Je sais que, de sa nature, le parti impérialiste est un parti d'action et je lui conseille, je lui recommande d'agir. Et n'est-ce pas agir déjà, que de nous réunir, comme nous le faisons aujourd'hui, pour poser les bases d'une action future, en formuler le programme, en grouper les éléments ? Ne sera-ce point agir que de nous retrouver fréquemment dans des assemblées dont le nombre ira toujours croissant, d'y exposer les principes de l'Appel au peuple, d'y rechercher et d'y examiner les réformes politiques ou économiques commandées par l'intérèt du peuple; de montrer et de prouver, à chaque occasion nouvelle, que la République, soit par l'égoïsme de ses gouvernants. soit par l'instabilité des pouvoirs publics, est impu ssante à opérer ces réformes, qu'il y faut la délégation directe du peuple et la puissante autorité qu'elle confère?

Ne sera-ce point agir aussi que de crever les outres pleines de vent ; de discuter publiquement, pour les réduire à leur vraie valeur, ces vaines et creuses déclamations qui, depuis dix ans, retentissent dans quelque punch ou quelque banquet, à Paris ou à Cherbourg, et qui sont tout le programme réel du grand prometteur de Belleville?

Ne sera-ce point agir que d'encourager et seconder de tous nos efforts, dans toutes les occasions — et il y en aura de prochaines — ce. mouvement de réaction électorale qui, dans beaucoup de communes, a secoué déjà le joug insolent des tyrannéaux de clocher?

Ne sera-ce point agir enfin que de déterminer et dégager, par une lutte incessante, par une propagande active, par de généreux efforts de conciliation, le terrain sur lequel tous les hommes de bonne foi pourront s'unir à nous pour réclamer l'Appel au peuple — puisque nous ne le réclamerons point dans l'intérêt

d'un homme ou d'un parti , mais dans l'intérêt de tous les partis, c'est-à-dire de la France?

L'empereur Napoléon III. messieurs, disait :
« C'est toujours à l'opinion publique qu'ap-
partient la dernière victoire. » C'est donc l'o-
pinion publique qu'il nous faut solliciter, sus-
citer, soutenir sans relâche. C'est en elle qu'il
faut mettre nos espérances ; c'est sur elle qu'il
faut porter nos efforts ; et c'est ainsi, messieurs, qu'à force de conviction, de patience
et de courage, nous parviendrons à rétab ir ce
courant impéri: liste, si intense naguère et qui,
sur le coup terrible dont nous nous ressentons
encore, s'est un moment arrèté.

Pour le rouvrir, messieurs. pour lui rendre
toute sa force, la république sera le premier
de nos auxiliaires ; le temps sera le second : le
temps, qui modifie toutes choses, transforme
les jeunes bouleaux verts en arbres vigoureux,
substitue jour à jour la virilité à l'adolescence,
prépare des recrues nouvelles à l'Empire ra-
ieuni et trav ille lentement, mais sûrement, à
reconstituer, à rapprocher l'une de l'autre ces
deux forces vivantes, dont l'étroite union re-
lèvera la gloire et la puissance françaises : le
Peuple — et l'Empereur!(Triple salve d'applaudissements. Acclamations répétées.)

" Voici le texte de la résolution proposée à l'assemblée par le président à la suite du discours de M. Jules Amigues. Cette proposition a été votée *à l'unanimité* par la réunion.

La réunion du 30 janvier 1881, tenue en la salle de l'Union des chambres syndicales,

Considérant que l'Appel au peuple est la seule manière possible de résoudre une fois pour toutes les conflits politiques qui, depuis un siècle, agitent la France et ont partagé son histoire entre trois modes divers de gouvernement,

Déclare :

Que dans toutes les circonstances de la vie publique où pourront s'agiter des questions de gouverne-

ment, d'élection, de révision constitutionnelle ou autres, le but au-
quel devra tendre le parti de l'Appel au peuple, sera de proposer à
la nation, convoquée dans ses comi-
ces piébiscitaires, l'option entre
ces trois formes de gouvernement :

Royauté,

République,

Empire.

Le discours de M. Amigues, d'une forme si élevée, d'une argumentation si forte, d'une chaleur si entraînante et si communicative, a provoqué, comme toujours, un enthousiasme indescriptible. Les phrases de l'orateur étaient scandées par les applaudissements, par les adhésions sympathiques de l'auditoire tout entier.

Sans vouloir établir aucune comparaison qui vise les personnes, il est de notre devoir de constater que, dans la réunion de la rue de Lancry, nous n'avons point vu se reproduire ces protestations bruyantes, ces conflits regrettables qui, dans des réunions récentes, avaient si fort réjoui le cœur de nos adversaires, en leur permettant d'affirmer que le désordre et la confusion régnaient désormais dans les rangs jadis si disciplinés de l'armée impérialiste.

C'est là un fait qu'il importe de signaler à l'attention de nos amis, aussi bien qu'à celle de nos ennemis politiques, un symptôme dont il serait superflu assurément de vouloir démontrer davantage la signification et la portée..

Un irrésistible courant de sympathie s'est établi, dès le début, entre l'auditoire et l'orateur, parce que, dès les premiers mots, il a su poser la question sur son véritable terrain; avec une admirable largeur de pensée et de style, il en a dégagé tous les éléments, il en a suivi pas à pas les apparitions successives et les développements dans l'histoire; se référant aux principes immuables qui sont pour nous comme les axiômes indiscutés de la politique, il a tracé, d'une main ferme et sûre, la vraie ligne de conduite que doivent suivre désormais les impérialistes, le plan de campagne que leur imposent et la religion du passé et les aspirations de l'avenir.

Sans s'arrêter à examiner ni à discuter les théories nouvelles et particulières que certains politiciens prétendent substituer aux principes généraux qui constituent le caté chisme de notre foi, il a relevé, avec une énergique fierté, le vieux drapeau de la tradition, celui que nos pères ont suivi, et qui les a conduits à la victoire, celui que nous suivrons jusqu'à la mort, et qui guidera nos enfants comme nous-mêmes, dans le chemin de la fidélité et de l'honneur.

Le triomphe obtenu dans la réunion d'hier est donc d'un heureux présage pour la campagne nouvelle qui va s'ouvrir ; nous l'enregistrons avec bonheur, mais il ne nous surprend point. Car, nous le savons de longue date, si le peuple reste indifférent et froid devant les combinaisons savantes des théoriciens et des stratégistes, il comprend admirablement les idées nobles et simples, il se les approprie et se les assimile sur-le-champ, il les embrasse avec ardeur; son affection la plus solide est pour ceux qui, en dépit des événements, demeurent inébranlables dans leurs convictions et savent ainsi lui inspirer une absolue et légitime confiance.

C'est dans ces sentiments que nous avons trouvé les impérialistes réunis hier dans la salle de la rue de Lancry; et tous ceux qui, dans un avenir très-prochain, viendront en foule pour entendre la parole de nos orateurs préférés, leur témoigneront, nous en sommes sûrs, la même admiration et la même sympathie; car ils sont avec eux, en parfaite communion d'idées, ils sont, à des titres divers, les défenseurs de la même cause, les adeptes de la même foi.

(Extrait du PETIT CAPORAL *en date du* 1ᵉʳ *février.)*

GRANDE IMPRIMERIE
(Société Anonyme)
G. V. LAROCHELLE, IMP., 16, RUE DU CROISSANT. — PARIS

LE PETIT CAPORAL

JOURNAL POLITIQUE QUOTIDIEN

DE L'APPEL AU PEUPLE

ET DE LA QUESTION SOCIALE

à 5 Centimes le Numéro

ABONNEMENTS :

PARIS ET DÉPARTEMENTS

Trois mois.	5	»
Six mois.	10	»
Un an.	20	»

ADMINISTRATION ET RÉDACTION

1, Cité Bergère, 1

PARIS

88